Liebe Eltern,

wir wollen Ihr Kind beim Lesenlernen unterstützen, und zwar mit Geschichten, die Spaß machen.

Unsere Bücher mit dem liebenswerten Leselöwen begleiten Ihr Kind durch die 2. Klasse. Sie enthalten drei bis vier Geschichten zu einem spannenden Thema, mit einfachen Sätzen und gut lesbarer Schrift. Viele bunte Bilder sorgen für Lesepausen und helfen, die Geschichten zu verstehen. Mit den Aufgaben zum Text kann Ihr Kind selbst prüfen, ob es den Text richtig verstanden hat. Zu den farbig markierten Wörtern warten am Ende des Buches spannende Fakten und in unserem Online-Portal finden Sie viele weitere Extras!

So wird Ihr Sohn oder Ihre Tochter zum echten Leselöwen!

Ihr

Leselöwe

Jetzt geht es **los!**

Annette Moser

Feuerwehrgeschichten

Illustriert von Heribert Schulmeyer

www.leseloewen.de

ISBN 978-3-7855-8596-2
1. Auflage 2018
© 2018 Loewe Verlag GmbH, Bindlach
Umschlag- und Innenillustrationen: Heribert Schulmeyer
Umschlaggestaltung: Michael Dietrich
Vignetten Leselöwe: Angelika Stubner
Printed in Poland

www.loewe-verlag.de

Inhalt

Der 21. Juni 8

Helden im Doppelpack 21

Ein Kätzchen in Not 40

Der 21. Juni

Es ist spät am Abend.
Ben kommt müde
von der Arbeit nach Hause.
„Endlich Urlaub!",
freut sich der Feuerwehrmann.

Ben macht sich ein Käsebrötchen.
Als er zufällig
aus dem Küchenfenster schaut,
lässt er es vor Schreck fallen.
Helle Flammen lodern
in den Abendhimmel.

„Bauer Brinks Hof brennt!",
denkt Ben.
Sofort schickt er einen Notruf los
und eilt zurück zur Feuerwache.
Bei seiner Ankunft sind
seine Kollegen schon startklar.

Schnell wirft sich auch Ben
in seine Schutzkleidung.
Der Kommandant gibt den Befehl:
„Zu den Löschfahrzeugen!"
Die Feuerwehrleute gleiten
die **Rutschstange** hinunter
in die Fahrzeughalle.

Mit Sirenengeheul fahren
ein Tanklöschfahrzeug und
ein **Drehleiterfahrzeug**
aus der Halle.
Ben hatte recht:
Auf dem Hof brennt es.

Aber weder das Bauernhaus
noch der Stall
stehen in Flammen.
„Was ist denn hier los?",
fragt Ben stirnrunzelnd.
Er und seine Kollegen steigen
verwirrt aus den Fahrzeugen.

Ein Feuer lodert auf dem Acker
hinter dem Bauernhaus.
Viele Menschen haben sich
darum versammelt.
Sie halten Becher und Brötchen
in ihren Händen.

„Was soll denn der Sirenenlärm?",
schreit Bauer Brink verärgert.
„Was soll das Feuer?", erwidert Ben.
„Schaut mal auf den Kalender",
brummt Bauer Brink.
„Heute ist der 21. Juni.
Das ist ein **Sonnwendfeuer**."

„Eigentlich muss so ein Feuer
aber angemeldet werden",
erklärt der Kommandant.
Bauer Brink macht
ein zerknirschtes Gesicht.
„Das wusste ich nicht", murmelt er.

Der Kommandant beäugt kritisch
die Feuerstelle.
„Na ja", meint er schließlich,
„die Abstände zu den Gebäuden
und zum Wald sind groß genug.
Außerdem ist es windstill."

Er nickt dem Bauern zu.

„Wir werden ausnahmsweise
ein Auge zudrücken!"

Bauer Brink lächelt dankbar.

„Wollen Sie vielleicht bleiben?",
fragt er.

Die Feuerwehrleute sind froh,
dass sie keinen gefährlichen Brand
löschen mussten.
Aber bleiben können sie nicht.
„Wir müssen zurück zur Wache",
sagen sie.

„Vielleicht gibt es heute ja noch einen echten Einsatz!"
Nur Ben schnappt sich grinsend ein Käsebrötchen.
„Ich bleibe gerne", sagt er.
„Schließlich habe ich Urlaub!"

Helden im Doppelpack

„Das ist schon das dritte Mal,
dass dir Petzi nachgelaufen ist",
schimpft Leos Lehrerin, Frau Schuh.
„Wir sind doch keine Hundeschule!"
„Tut mir leid", murmelt Leo.

Frau Schuh seufzt.
„Also gut, dein Hund kann bleiben,
bis der Unterricht vorbei ist",
sagt sie.
„Aber er muss in die Bibliothek
am Ende des Ganges."

Während der Mathematikstunde
hallt plötzlich ein lautes Bellen
über den Flur.
„Was hat Petzi bloß?",
fragt sich Leo beunruhigt.
„Er klingt ganz aufgeregt!"

Frau Schuh dreht sich zu Leo um.
„Geh und beruhige ihn",
sagt sie seufzend.
Leo springt auf und rennt los.
„Seltsam", denkt er,
„hier riecht es angebrannt!"

Leo öffnet die Tür zur Bibliothek.
Petzi fetzt sofort an ihm vorbei
zu einer anderen Tür.
Dahinter ist die Kaffeeküche.
Er scharrt mit seinen Pfoten
und bellt ununterbrochen.

Ohne lange zu überlegen,
reißt Leo die Tür auf.
Dunkler Rauch schlägt ihm entgegen.
Durch die Schwaden erkennt er Mira,
ein Mädchen aus der 4b.

Mira kauert auf dem Boden.
Sie ist wie gelähmt vor Angst.
Vor ihr hat ein Sofa Feuer gefangen.
Der Weg zur Tür ist versperrt.
„Bleib ganz ruhig!", ruft Leo.
„Ich hole Hilfe."

„Hilfe!", schreit Leo.

„Hilfe, es brennt!"

Auf dem Flur entdeckt Leo
einen **Feuermelder**.
Er schlägt die Scheibe ein
und drückt auf den Knopf.
Sofort geht der Alarm los.

Lehrer und Schüler kommen
aus den Klassenzimmern.
„Es brennt!", ruft Leo noch einmal.
„Mira sitzt in der Kaffeeküche fest!"

Jetzt geht alles ganz schnell:
Wie sie es geübt haben,
laufen die Schüler
in Zweierreihen hinter den Lehrern
auf den Schulhof.
Auch Leo und Petzi sind dabei.
Bis auf Mira sind alle da.

„Mira war schlecht", schluchzt Miras Lehrerin. „Sie sollte sich ein bisschen auf dem Sofa ausruhen!"

Schon nach wenigen Minuten rückt die Feuerwehr an. Mehrere Feuerwehrleute springen aus den Fahrzeugen.

Alle arbeiten gleichzeitig:
Zwei Mann verlegen Schläuche,
zwei andere
fahren auf einer Drehleiter
in den zweiten Stock.
Dort befindet sich die Kaffeeküche.
Beide tragen Atemschutzgeräte.

Ein Feuerwehrmann
schlägt die Fensterscheibe ein.
Gefolgt von seinem Kollegen,
steigt er in das qualmende Zimmer.

Leo hält den Atem an.
Endlich: Die Männer haben Mira.
Sie hustet und weint,
aber sie ist unverletzt.

Bald haben die Feuerwehrleute
die Flammen im Griff.
Mit Wasser aus einem **Hydranten**
können sie gelöscht werden.
Als der Einsatz beendet ist,
sind alle erleichtert.

„Die Kaffeemaschine war defekt",
erklärt der Feuerwehrkommandant.
„Ein Funke hat das Feuer ausgelöst.
Gut, dass der Notruf rechtzeitig kam.
So konnte es sich nicht ausbreiten."

Frau Schuh legt ihre Hand
auf Leos Schulter.
„Das verdanken wir dir", sagt sie.
„Wuff-wuff!", macht Petzi beleidigt.
„Klar, und natürlich dir",
fügt sie lachend hinzu.

„Trotzdem … Ab morgen
hast du schulfrei, Petzi!"
Leo muss kichern.
„Gilt das auch für mich?", fragt er.
Aber auf diese Frage
antwortet Frau Schuh leider nicht.

Ein Kätzchen in Not

Mona und Luisa hatten im Unterricht
über die Feuerwehr und
ihre vielen Aufgaben gesprochen.
„Ich wusste gar nicht,
dass sie auch Tieren in Not hilft!",
sagte Luisa am Nachmittag zu Mona.
Sie war bei ihrer Freundin zu Besuch.

„He, lass uns Feuerwehr spielen",
schlug Mona vor.
Beide rannten in den Garten.
Mona kletterte eine Strickleiter hoch,
die an einem Baum hing.
In eine Astgabel setzte sie
ihre Stoffkatze.

„Hilfe, mein armes Kätzchen
kommt nicht runter", schrie Mona.
Luisa war sofort zur Stelle.
Sie kletterte die Leiter hoch …
und riss den Mund auf:
„Schau doch mal", flüsterte sie.
„Da oben sitzt ja eine echte Katze!"

Auch Mona staunte.
Tatsächlich lugten zwei gelbe Augen zwischen den Blättern hervor.
„Mieze, komm runter", lockte Luisa.
Aber das Tier rührte sich nicht.
„Wir müssen die Feuerwehr holen!", sagte Mona schließlich.

Beide liefen ins Haus.
Mona wählte die 112.
Sie erzählte der Frau am Telefon,
was los war, und gab ihre Adresse an.
„Die Feuerwehr kommt", sagte Mona.
Aufgeregt rannten die Mädchen
zurück nach draußen.

„Sieh dir ihre Ohrenspitzen an.
Die sehen ja aus wie Pinsel",
sagte Luisa zu ihrer Freundin.
„Und ihr Schwanz ist so kurz",
stellte Mona verwundert fest.
Außerdem hatte das Fell
lauter dunkle Tupfen.

Kurz darauf bog ein Feuerwehrauto
in die Einfahrt.
Zwei Feuerwehrleute stiegen aus:
ein Mann und eine Frau.
„Wo ist denn das Kätzchen?",
fragte die Frau freundlich.
Die Mädchen deuteten in den Baum.

„Unglaublich!", flüsterte der Mann.
„Das ist ein junger Luchs!"
Mona und Luisa staunten.
„Wahrscheinlich hat er
seine Mutter verloren",
erklärte die Frau.

„Eigentlich trauen sich Luchse
sonst nicht in Siedlungen."
Die Frau lächelte die Mädchen an.
„Gut, dass ihr uns gerufen habt.
Luchse stehen unter Naturschutz!"

Die Feuerwehrleute stellten
eine lange Leiter auf.
Die Frau stieg hinauf.
Sie hatte feste Handschuhe an
und ein Fangnetz dabei.

„Komm, Kleiner",
sagte die Frau.
Schnell hatte sie
den Luchs im Netz.
Der Mann holte einen großen Käfig
und setzte das Tier hinein.
„Wie schön er ist", meinte Mona.
„Aber was passiert jetzt mit ihm?"

Die Frau zog die Handschuhe aus.
„Der Tierschutzverein wird sich
um ihn kümmern", antwortete sie.
„Dank euch ist er außer Gefahr!"

Die Feuerwehrleute gaben
Mona und Luisa die Hand.
„Toll, wie ihr mitgeholfen habt,
ihn zu retten!", sagte der Mann.
„Wer weiß, ob der Kleine
ohne euch überlebt hätte."

Der Luchs blinzelte die Mädchen
zum Abschied dankbar an.
„Tschüss, kleiner Luchs!",
riefen beide, als das Auto davonfuhr.
„Schön, dass du uns besucht hast!"

Fragen und Antworten

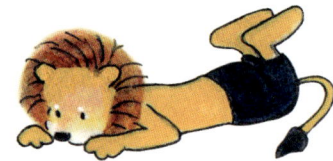

1. Was denkt Feuerwehrmann Ben, als er nach Hause kommt? Kreuze an.
Endlich ...

☐ Urlaub
☐ Ferien

Antwort: Urlaub

2. Was brennt auf Bauer Brinks Hof? Bringe die Silben in die richtige Reihenfolge.

WEND   ER   FEU   SONN

Antwort: Sonnwendfeuer

3. Welche beiden Wörter fehlen in diesem Satz aus der ersten Geschichte? Trage sie ein.

Ein _____ lodert auf dem _____ .

Antwort: Ein Feuer lodert auf dem Acker.

4. Mit wie vielen Fahrzeugen rückt die Feuerwehr aus? Kreuze an.

☐ 3+4= ____   ☐ 2+3= ____   ☐ 7-5= ____

Antwort: 7-5=2

5. Lies genau in Spiegelschrift. Wie heißt Leos Hund? Kreuze an.

☐ Petze   ☐ Petzi   ☐ Fetzi

Antwort: Petzi

6. Verkehrt herum! Welches Fach hat Leo, als das Feuer ausbricht? Kreuze an.

☐ Trops
☐ Ehtam
☐ Tsnuk

Antwort: Mathe

Fragen und Antworten

7. Wie heißt Leos Lehrerin? Kreise ihren Namen ein.

STIEFELSOCKESCHUHSTRUMPF

Antwort: Frau Schuh

8. Was spielen Mona und Luisa? Bringe die Buchstaben in die richtige Reihenfolge.

HEUFREWER

Antwort: Feuerwehr

9. Welches Tier sitzt auf dem Baum vor Monas Haus? Kreuze an.

☐ Katze
☐ Luchs
☐ Fuchs

Antwort: Luchs

10. Wie sieht das Fell des Tieres im Baum aus? Kreise ein.

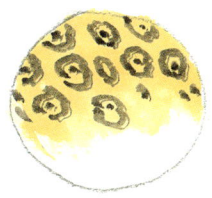  

Antwort: Es hat dunkle Tupfen.

11. Welcher Satz kommt in der dritten Geschichte vor? Kreuze an.

- ☐ Luchse stehen unter Beobachtung.
- ☐ Luchse stehen unter Strom.
- ☐ Luchse stehen unter Naturschutz.

Antwort: Luchse stehen unter Naturschutz.

Schon gewusst?

Rutschstange (Seite 11):
An Rutschstangen rutschen die Feuerwehrleute schnell von den oberen Geschossen hinunter zu den Fahrzeugen, wenn ein Notruf eingegangen ist. Früher gab es in manchen Feuerwachen auch Rutschen.

Drehleiterfahrzeug (Seite 12):
Bei einem Brand muss die Feuerwehr manchmal auch Personen aus höheren Stockwerken befreien. Dazu verwendet sie Fahrzeuge mit Drehleitern, die sie ausfahren kann. Oben an der Leiter ist meistens ein Korb, in den man einsteigen kann.

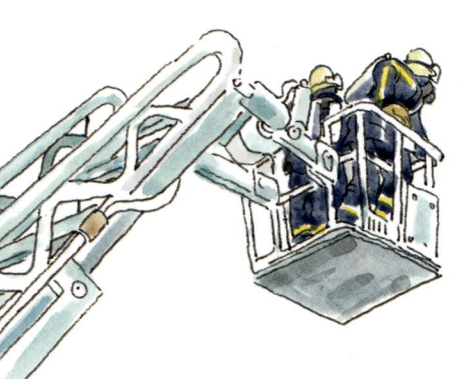

Sonnwendfeuer (Seite 15):

Am 21. Juni ist Sommersonnenwende, also der längste Tag und die kürzeste Nacht des Jahres. An vielen Orten feiern die Menschen diesen Tag mit einem Sonnwendfeuer. Am 21. Dezember ist der kürzeste Tag des Jahres: die Wintersonnenwende.

Feuermelder (Seite 28):

An einem Feuermelder muss man erst eine kleine Glasscheibe einschlagen, bevor man auf den Knopf drücken und damit die Feuerwehr rufen kann. So kann niemand aus Versehen den Alarm auslösen.

Hydrant (Seite 36):

Hydranten sind Wasserzapfstellen für die Feuerwehr auf der Straße, damit sie bei einem Brand immer genug Löschwasser hat.

Blättere schnell um und trage die roten Buchstaben in der richtigen Reihenfolge in die Kästchen ein!

Annette Moser wurde 1978 in Hamburg geboren und arbeitete nach ihrem Studium mehrere Jahre als Lektorin in einem Kinder- und Jugendbuchverlag. Heute lebt sie mit ihrer Familie in Nürnberg und schreibt leidenschaftlich gern Kinderbücher.

Heribert Schulmeyer, geboren 1954, zeichnet seit seinem zwölften Lebensjahr. Nach Schule und Studium wurde er Comiczeichner und freier Künstler. Heute arbeitet er für verschiedene Verlage und für den WDR bei der „Sendung mit der Maus". Heribert Schulmeyer lebt und arbeitet in Köln.

Das Leselöwen-Lösungswort

Besuche den Leselöwen auf
www.leseloewen.de und trage
die farbigen Buchstaben
von den Seiten *Schon gewusst?*
in der richtigen Reihenfolge
in die magische Box ein.

Wenn du das Lösungswort
gefunden hast, kommst du
auf die geheime Seite mit vielen
weiteren Spielen und Rätseln!

Der **Leselöwe** freut sich auf dich!